1 MONTH OF FREE READING

at

www.ForgottenBooks.com

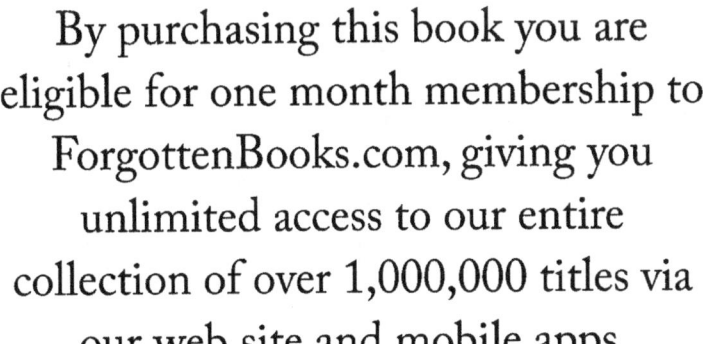

By purchasing this book you are eligible for one month membership to ForgottenBooks.com, giving you unlimited access to our entire collection of over 1,000,000 titles via our web site and mobile apps.

To claim your free month visit:

www.forgottenbooks.com/free429873

ISBN 978-0-483-01409-1
PIBN 10429873

EMENDATIONES

TULLIANAE

MISCELLA

SCRIPSIT

Emile

Em. SPANOGHE

LUGDUNI BATAVORUM | LOVANII

E. J. BRILL | CAROLUS PEETERS

1890

PRAEFATIO.

Ex editionibus quibus sum usus, (atque suo quaeque loco indicabuntur), satis patebit cuiusmodi subsidia critica praesto mihi fuerint ad haec conscribenda ; haud magna sane, cum fere exigua propriorum librorum copia contentus esse debuerim ; plures vero non erat cur antea providerem, quum his proximis primum mensibus in ea re studium collocare coeperim (1).

Dubitantem igitur ob haec incommoda num operae pretium foret has paucas coniecturas edere, perpulit haec cogitatio, si qua recta essent, nonnullis ea fortasse usui futura ; quae minus feliciter cecidissent, nemini detrimentum allatura esse, quoniam in tali re et aliena

---

(1) Gratias agere debeo maximasque ago, quod perhumaniter commodati sunt libri quidam Bibliothecae philologicae, quae est Ministerii Belgici, penes quod cura est institutionis publicae : sed ibi aliquot abhinc annos desiti sunt parari Annales philologici, ex quibus novissima quaeque cognoscuntur : itaque fieri poterit, ut una aut altera coniectura ex his, quae proferuntur, alibi iam reperiatur edita. Percontanti autem mihi per litteras a custode Bibliothecae regiae Bruxellensis comiter rescriptum est, dolere se quod commodari libros fas non foret hominibus provincialibus ; quorum hominum oculis et otio nemo non fatebitur optime consuli.

errata magis docent quam decipiunt, nec parum cognosse, sed in parum cognito perseve-
rare turpe demum est. Emittere autem ubi
constitui, properato opus fuit, ut cui sit iam
lucro apponendus «quem Deus cunque dierum
dedit. »

De re autem ipsa, quamquam pluribus locis
disputatione abstinui, tamen ubique via et ratione progredi conatus, ea non neglexi, unde
esset praesidium petendum : praeter Waltheri
Lexicon diplomaticum, et vetus et optimum,
W. Wattenbachii, germani artis suae magistri,
Palaeographia latina multa docuit(1); imprimis
autem utilem operam praestitit Hagenii libel-
lus (2) : de quo praedicare debeo, sic eum
adiuvare, ut δαιμόνιον illud Socraticum, quod
revocando iter monstrabat.

Itaque horum praeceptis, quantum poteram,
parens quasi legibus, si ad eum finem perve-
nero, quo Boeckhius, vir criticae artis peritis-
simus, εὐστοχίαν terminavit ; si eorum, quae
conieci, pars vel vicesima probabitur, operam
non perdidero : quis est enim quem laboris
poeniteat, si quid, quantulum id cunque est,
attulerit frugis ad restituendam veram orationem summi scriptoris, qui fuit idem vir bonus
et amantissimus patriae (3)?

---

(1) Anleitung zur lateinischen Palaeographie. Leipzig. 1886.
(2) Dr Herm Hagen. Gradus ad Criticen. Leipzig. 1879.
(3) Plutarchi Vita Ciceronis 49.

Quod si praeterea ad eadem studia, quibus quidem eximie pauci homines nostri dediti sunt, plures hoc opusculo incitavero, (quod mei quoque consilii fuisse fateor), fructus is erit lucubrationis maximus : experti enim perspicient quam sit verum Aristotelis illud : ἔστι τοῖς εὐπορῆσαι βουλομένοις προὔργου τὸ διαπορῆσαι καλῶς (1).

EM. SPANOGHE.

Antverpiae, mense Ianuario 1890.

(1) Metaph. B. 995, a. 27.

ACADEMICORUM POSTERIORUM.

LIB. I. (1)

I. 1. « Atque illum complexi, ut mos amicorum est, satis eum longo intervallo ad suam villam reduximus. »

— Adnot. crit. *satis eum longo intervallo* et corruptum nec a quoquam adhuc probabiliter correctum. Halmius Davisium secutus *se visentium longo interv.*, Bait. Madvigium *satis tum l. i.* — Ex iis quae antecedunt « *paulumque quum ab eius* villa *abessemus* » patet longum intervallum temporis, non locorum significari, atque intervallum illud ad verbum quod sub *satis eum* latet, attinere. Praeterea Cicero *ut mos est amicorum* solet scribere, (Anton. Stud. II. 139.) ; illud verbum *est* ideo excidit, quod pro *inter se* irrepsit alterum *est*.

« Atque illum complexi, ut mos *est* amicorum *inter se salutantium* longo intervallo, ad suam villam reduximus. »

I. 2. « Hic pauca primo, atque ea percontantibus nobis, ecquid forte Roma novi, »

(1) In libris de philosophia usus sum vol. I, II, editionis quam recognovit C. P. W. Mueller. : Adn. crit. designat eius praefationem; cuius modi utinam plures haberemus ! Paucis enim paginis et fructus exhibetur diuturni laboris, et quae sunt emendanda, se dant in conspectum.

Propter ea quae sunt lib. II. 3. 13 de Orat. « *Quid vos tandem, Crassus, num quidnam, inquit, novi?* » possimus, ut videmur, scribere :

« Hic pauca primo, et, *Quid tu*, percontantibus nobis, ecquid forte Roma novi ? »

I. 2. « Intemperantis enim arbitror esse scribere quod occultari velit. »

Hoc loco novum offendimus intemperantiae genus, quod non in absumendo, sed in abstinendo positum sit : nec male nobiscum ageretur, id si longius serperet. « *Temperantia autem duobus modis discernitur, et ea quae absunt non expetendo, et ab iis quae in potestate sunt abstinendo.* » Partit. orat. 22. 77. — Cf. infra R. P. I, 38.59.

« *Nimium* temperantis enim arbitror... »

II. 5. « Nihil definiunt, nihil partiuntur, nihil apta interrogatione concludunt, nullam denique artem esse nec dicendi nec disserendi putant. Nos autem praeceptis dialectorum et oratorum, quoniam utramque vim virtutem esse nostri putant, sic parentes ut legibus, verbis quoque novis cogimur uti... »

Etsi ad variandam orationem *interrogatio* vel *ratiocinatio* (Seyffert. Schol. lat. I. 44) saepe in argumentando adhibetur, non est hoc loco causa cur haec singillatim afferatur : enumerantur enim communiter tres praecipuae partes tractationis, *definitio, divisio, ratio.* Pro *interrogatione* reponere possis : *apta inde ratione :* etenim pendet argumentatio ex definitione et divisione (Cf. Acad. II. 31 : *Virtutem... ex qua una vita omnis apta est);* sed ad litterarum ductus respicienti mihi

potior altera visa est emendatio, praesertim cum habeas
Ac. I. 32 : *ad probandum et ad concludendum id quod
explanari volebant.*

Tum dicendi artem, item disserendi, satis constat *vim*,
δύναμιν, *virtutemque* vocitari : istis autem h. l. respon-
detur, qui earum rerum esse negent ullam artem.

Denique de suscipiendo Varro, non de suscepto labore
loquitur.

« Nihil definiunt, nihil partiuntur, nihil apta
interpretatione concludunt... quoniam utramque *rem veram artem* esse nostri putant...
cogemur uti... »

II. 8. « Et tamen in illis veteribus nostris,
quae... quadam hilaritate conspersimus, multa
admixta ex intima philosophia, multa dicta
dialectice; quae quo facilius minus docti intel-
ligerent, iucunditate quadam ad legendum invi-
tati... ; in laudationibus, in his ipsis antiquitatum prooemiis *philosophie* scribere voluimus. »

— Adn. crit. Quod codd. habent aperte corruptum
philosophie, integrum relinquere malui quam aut *philo-
sophice* aut *philosophe*, ut Halm. et Bait. scribere, aut,
quod suasit Seyffert. Tuscul. p. 118, *philologis;* nec
iam placet *rhetorice*, quod olim mihi in mentem vene-
rat. — Non apparet, qua de causa Varro in *prooemiis
antiquitatum*, neque in libris ipsis de philosophia disse-
ruerit; antiquitatum quadraginta unum libros scripsit :
horum unumquemque num praefatione adornavit ? Veri
simile non est; ac tamen « *philosophia multis ab eo
locis inchoata esse,* » § 9 dicitur. Nonne liquet omnem
inde difficultatem manasse, quod *prooemia* illa pro

praefationibus sint accepta, quum contra ea « *primitiae quaedam et quasi libamenta* » doctrinae (1) significarentur? Quodsi illud quod pro *laudationibus* scripsi, verum visum erit, parebit quare Varro, quamquam sermonem patrium augere volebat, graecum *prooemium prolusioni* (Or. II. 80. 325) antetulerit.

« ... iucunditate quadam ad legendum *invitavimus et lusionibus* : in *libris* ipsis antiquitatum *philosophiae prooemia* scribere voluimus. »

IV. 15. « Socrates mihi videtur primus... philosophiam... ad vitam communem adduxisse ut de virtutibus et vitiis .. quaereret, caelestia autem vel procul esse a nostra cognitione censeret, vel, si maxime cognita essent, nihil tamen ad bene vivendum. Hic in omnibus fere sermonibus... ita disputat... »

— Adn. crit. « *Valere ad bene vivendum*, Halm., *conferre* alii, alii *facere*. — Recte qui apposuerunt *facere*, id autem latet in vocabulo post *vivendum* scripto. *In* praepositio non est necessaria : Caes. Bell. civ. II, 17, 3. « *Haec omnibus ferebat sermonibus.* » Cf. Menge, Repet. § 333. Praeterea subiunctivus *censeret* ex antecedente *quaereret* natus est; etenim nec Socrates philosophiam adduxit ad vitam communem *ut censeret*, nec *ut* potest finale et idem consecutivum esse.

« ... ut de virtutibus et vitiis quaereret ; caelestia autem vel procul esse a nostra 'cognitione *censebat*, vel si maxime cognita essent, nihil

(1) A. Gell. Praef. 13.

tamen ad bene vivendum *facere. Is* omnibus fere sermonibus... »

IV. 17. « Illam autem Socraticam dubitanter de omnibus rebus et nulla affirmatione adhibita consuetudinem disserendi reliquerunt. »

— Adn. crit. « *Dubitanter* Baiter,, *dubitantem* cod. Gedan., *dubitationem* cett. — Cf. Nat. Deor. I. 5, 11. « *Haec in philosophia ratio contra omnia disserendi nullamque rem aperte iudicandi.* »

« Illam autem Socraticam *dubitandi* de omnibus rebus... consuetudinem reliquerunt. »

VI. 22. « Illud, imprudenter, si alios esse Academicos, qui dum appellantur, alios Peripateticos arbitrantur. »

— Adn. crit. « Cod. Gedan. *appellentur*, rell. *appellarentur*. — In hoc *appellarentur* duo videntur vocabula compendio scripta coaluisse.

« Illud imprudenter, si alios esse Academicos, qui *iam* appellantur *veteres...*»

VII. 27. « Sed subiectam putant omnibus... materiam quandam, e qua omnia expressa atque efficta sint, quae una omnia accipere possit omnibusque modis mutari atque ex omni parte atque etiam interíre, non in nihilum, sed in suas partes. »

— Adn. crit. « *Una* scripsi, *tota* codd. *formas omnes* Davis., Bait. — Cf. infra. Orat. VI. 21.

« Materiam quandam.... quae *loca* omnia

occupare possit... atque ex omni parte *aeque ac totam* interire... »

VII. 29. « Quam vim animum esse dicunt mundi... quam interdum eandem necessitatem appellant, quia nihil aliter possit, atque ab ea constitutum sit, *evenire*, quasi fatalem et immutabilem continuationem ordinis sempiterni. »

— Adnot. crit. « *Evenire* Turneb., Bait. *inter* codd., † *inter* Halm. —

« Quia nihil *aliud fieri* possit atque ab ea constitutum sit *intra* quasi fatalem et immutabilem continuationem ordinis sempiterni. »

VII. 32. « Post argumentis quibusdam et rerum notis quasi ducibus utebantur ad probandum et ad concludendum id quod explanari volebant. »

Duces adhibentur ad viam commonstrandam, non ad probandum. Ex Orat. 14, 46, « *Idemque (Aristoteles) locos — sic enim appellat — quasi argumentorum notas tradidit,* » locos pro *ducibus* eruere possis; suspicor autem graecum ἔλεγχον ad verbum expressum esse: Demosth. XXII, 22. « Ἔλεγχός (ἐστιν), ὅταν ὧν ἂν εἴπῃ τις, καὶ τἀληθὲς ὁμοῦ δείξῃ. »

« ... Rerum notis quasi *indicibus* utebantur ad probandum... »

VII. 33. Haec erat illis forma a Platone tradita, cuius quas acceperim dissupationes, si vultis, exponam.

— Adn. crit. *Haec prima erat illis prima* cod. Gedan.

Haec erat illis forma Madvig., Baiter., *Haec et at illis prima* reliqui, *Haec forma erat illis primum* Halm. *Disputationes* codd., *dissupationes* Bait. *immutationes.* Halm. —

Varro disciplinam Platonicam adumbrans, eius partes praecipuas enumerat ; atque enumerationi idoneum vocabulum *ferme;* cui modestae enunciationi haec respondent : « *praeclare explicatur Peripateticorum et Academiae veteris auctoritas.* » *Dissupationes* autem nimium dicere mihi quidem videntur ; nam qui erant quasi heredes a Platone relicti, illos Cicero non decoxisse, sed acceptum aliter administrasse patrimonium saepius asserit. Cf. Legg. I. 13. 38. Quod quatenus verum sit, ἄλλος ἂν εἴη λόγος οὗτος.

« Haec *ferme* erat illis forma a Platone tradita; cuius quas acceperim *dispensationes*, si *volueritis*, exponam. »

IX. 35. « Zeno cum... valde... subtiliter dissereret et peracute movererur. »

Compendium *con* suspicor excidisse.

« Et peracute *commentaretur*. »

ACADEMICORUM PRIORUM

LIB. II.

III. 9. « Sed ut *potuerint*, potuerunt omnibus rebus auditis. »

« Sed ut *potuerint, oportuit* omnibus rebus auditis. »

IV. 10. « Dicam enim nec mea nec ea, in quibus non, si falsa fuerint, vinci me malim quam vincere. » . . .

— Adn. crit. Codd. *in quibus non si fuerint*, praeter Leid. B, *in quibus si non fuerint*. —

« Dicam enim nec mea, nec ea in quibus, *nomine etsi freta erunt, vincere* malim quam *vinci*. »

VII. 21. « Quid de tactu, et eo quidem, quem philosophi interiorem vocant, aut doloris aut voluptatis? in quo Cyrenaici solo putant veri esse iudicium, cui adsentiatur. »

Adn. crit. — *Cui adsentiatur* Madvig. eumque secutus Baiter. codd. *quia sentiatur*. —

« In quo Cyrenaici solo putant veri esse iudicium, *quum a se cieatur*. »

XVII. 54. « Cur id potius contenditis... ut non in suo quidque genere sit tale quale est, nec sit in duobus aut pluribus nulla re differens ulla communitas? Ut sibi sint et ova ovorum et apes apium simillimae. »

Cf. Legg. II. 7, 17. « Nisi plane esse vellem *meus* » et « Te esse malo *tuum* » ; Plaut. Amphitr. I, 1, 243 : « Certe edepol tu me alienabis nunquam quin *noster* siem. »

« Nec sit in duobus aut pluribus *ulla* re differens *illa* communitas, *nec sua* sint et ova et apes apium simillimae. »

XVIII. 56. « Primum quidem me ad Democritum vocas ; cui non adsentior potiusque refallor potest id, quod dilucide docetur a politioribus physicis. »

— Adnot. crit. *refallor* (V, *refellat* A, *fallor* B,) *potest* codd. Quod scribi solet : *refello propter*, Halm. quoque veretur ut recte correctum sit, mihi subabsurdum videtur. —

« Cui non adsentior, *quatenusque in ea re fallatur homo, testatur* id, quod... »

XXV. 79. « Veraces sanos esse sensus dicis ; igitur semper auctorem habes eum, qui magno suo periculo causam agat... Hoc est verum esse, confidere suis testibus et importata insistere! »

« Igitur semper auctorem habes eum, qui magno *sine* periculo causam agat... Hoc est

verum esse, confidere *sanis* testibus, *at imper-
tita infitiari!*

XXVI. 85. „ Stoicum istuc quidem nec ad-
modum credibile. „

Adn. crit. — *Stoicum istuc quidem* scripsi, *St. est
quidem* vulg., *St. sed est quidem* codd. A et B, *sedem*
V, *est istud* coni. Halm. —

„ Stoicum *sit istuc* quidem, nec... „

XXXVIII. 120. „Mihi ne ut dubitem quidem, relinquatur? Ut omittam levitatem temere
adsentientium, quanti libertas ipsa aestimanda
est, non mihi necesse esse, quod tibi est, *dicere*, cur deus...?

— Adn. crit. *relinquetur*, Manutius. —

„ Mihi *tamen*, ut dubitem quidem, relinquetur... *quanto* libertas *ea potior* aestimanda est!
Num mihi necesse *dicere*, quod tibi est, cur
deus... „

XXXVIII. 120. „ Cuius quidem (*sc. dei*) vos
maiestatem deducitis usque ad apium formi-
carumque perfectionem, ut etiam inter deos
Myrmecides aliqui minutorum opusculorum
fabricator fuisse videatur. „

Non intelligo cur apes, quae multo maiorem utilita-
tem quam formicae praebent, eodem, quo illae, non sint
iure, neque suum habeant auctorem.

„ Ut *sit iam* inter deos Myrmecides *aliquis,*

aliusque qui minutarum apicularum fabricator fuisse videatur. »

XXXVIII. 121. « Somnia censet haec esse Democriti non docentis, sed optantis. »

Cf. Acad. I, 11, 42 : *Scientiam, sin aliter, inscientiam nominabat ; ex qua exsisteret etiam opinio, quae esset imbecilla et cum falso incognitoque communis.* » Opinio nunc meliore condicione utitur, cuncta cum regat ; veteres autem credidisse videntur ad docendum scientiam necessariam esse : σημεῖον τοῦ εἰδότος τὸ δύνασθαι διδάσκειν, (Arist. Metaph. 981. b.) Democritus igitur dicitur nescire, cum opinetur, non doceat.

« Somnia censet haec esse Democriti non docentis, sed *opinantis*. »

XLII. 132. « Hic igitur neutri adsentiens, si numquam, uter *sit sapiens, adparebit, nonne utroque* est prudentior. ? »

— Adn. crit. *sit sapiens, adparebit nonne utroque* add. Lamb. Bait., † *sin umquam* Halm.— Recte fecisse videtur Halm., qui tot verba non crediderit excidisse, quot adscripta sunt ; etenim *hic* a scriptoribus librariis perperam est repositum pro *lic,* i. e. *liceat,* ad quod haud ambigue attinet alterum illud : *Liceat tandem mihi considerare. Adsentiens* autem in duo vocabula resolvendum, *adsenti ens,* i. e. *adsentiri elg* vel *elc,* vel *efc,* i. e. *eligere* vel *elicere* vel *efficere.* (Hagen. : *n = f, n = l, s = g* vel *c.*).

« *Liceat* igitur neutri *adsentiri, efficere* si *nequeam,* uter *utro sit* prudentior. »

VI. 22. « Ut enim, si cui propositum sit conliniare hastam aliquo aut sagittam, sicut nos ultimum in bonis dicimus, sic illi facere omnia, quae possit, ut conliniet : huic in eius modi similitudine omnia sint facienda, ut conliniet; et tamen, ut omnia faciat, quo propositum assequatur, sit hoc quasi ultimum, quale nos summun in vita bonum dicimus, illud autem, ut feriat, quasi seligendum, non expetendum. »

Contortularum illarum, quibus Stoici delectabantur, ratiuncularum paene documentum videtur in sinu ridens Cicero prodere voluisse. Haec tentavi :

« Ut enim, si cui propositum sit conliniare hastam aliquo aut sagittam, *sequitur* illi *facienda* omnia quae possit ut conliniet : *sic*, *quod* nos ultimum in bonis dicimus, *illud ei*, in eius modi similitudine, omnia *sunt* facienda, ut conliniet; *nec* tamen, ut omnia faciat, quo propositum assequatur, sit hoc *quidem* ultimum, — quale nos summum in vita bonum dicimus — illud autem, ut feriat *quod sit* seligendum *aut* expetendum. »

IX. 31. « Quid autem apertius quam, si selectio nulla sit ab iis rebus, quae contra naturam sint, earum rerum, quae sint secundum naturam, tollatur omnis ea, quae quaeratur laudeturque prudentia?

« Quid autem apertius, *quaeso ?* Selectio nulla sit ab iis rebus, quae contra naturam sint, earum rerum, quae sint secundum naturam : *tolletur* omnis ea quae *quaeritur laudaturque* prudentia. »

———

TUSCULAN. DISP. L. I.

I. 1. « Rettuli me,... ad ea studia, quae retenta animo, remissa temporibus, longo intervallo intermissa revocavi. »

Ea studia, si *retenta* animo, si tantum *remissa, intermissa* non sunt.

« Longo intervallo *intermisso...* »

I. 2. « Nam mores et instituta vitae resque domesticas ac familiares nos profecto et melius tuemur et lautius. »

Verisimile non est Tullium cum homines suos laudantem, tum ad Brutum, Stoicum, illa scribentem, vocabulum *laute*, quod luxuriam redolet, usurpasse. «*In suppliciis deorum magnifici, domi parci.....* *erant* » Sall. Cat. 9. *Lautius* illud *cautius* scribendum non puto, quum *cautius* ipsum ex altero ortum videatur. Ad Att. : II. 18. 2. *laute caute* X. *recte*, M. R. *laute*, X, X, Z.

« Nos profecto et melius tuemur et *castius* »
XL. 97, ... si mortem malum iudicaret.
Vadit enim in eundem carcerem atque in eundem paucis post annis scyphum Socrates eodem scelere iudicum, quo tyrannorum Theramenes. Quae est igitur eius oratio...?

Adn. crit. — *Enim* a multis in suspicionem vocatum nunc a plerisque editoribus eiectum est, a Baitero in ed. min.; ipsum verbum *vadit* neminem offendisse videtur. Ego miror, quid sit in *scyphum vadere*, multoque magis praesensne tempus videatur *vadit* an perfectum. — Illi *vadit enim* vocabula duo subesse videntur, alterum mcvendi, *(in eundem carcerem)*, alterum quod ad ea respondeat quae sequuntur : « *Quae est igitur eius oratio?* » Sublato *enim*, requiritur alia quaedam particula, quae concitatiorem animi motum indicet (Seyff. Schol. lat. I § 21), atque ab antecedente *et* vorata est.

« *At videte euntem* in eundem carcerem *ad iniquum* eundem paucis post annis scyphum Socratem... »

TUSC. DISP. L. III.

XXXIV. 82. « Sic philosophia, cum universam aegritudinem sustulit, *sustulit* etiam, si quis error alicunde extitit... »
« Cum universam aegritudinem sustulit, *tollit* etiam. »

DE NATURA DEORUM,

LIB. I.

VIII. 20. « Pronoea vero vestra, Lucili, si est eadem, eadem requiro, quae paulo ante.»

Adn. crit. — *Si vestra est Lucili eadem* codd. — Vocabulum illud *vestra* num a Cicerone, quo est iudicio, iteratum sit, (1) dubium videtur, praesertim quum vocis contentio, propter eum ordinem verborum qui est in codd., in *vestram* cadat : non quaeritur numne *eorum* sit Pronoea, vero num *sit*.

« Pronoea vero si *re vera* est, Lucili, eadem requiro. »

X. 24. Quodque in nostro corpore si minima ex parte † significetur, molestum sit, cur hoc idem non habeamus molestum in deo ? »

Adn. crit. — *Sic incitetur.* Lachm., Bait. II, *sic afficiatur* Schoem. — Ea recte vidit Goethe non ad praecedentem sententiam spectare, sed per particulam *que* novum afferri argumentum : is scribit « quodque in nostro corpore si minima ex parte *frigore aut solis igni vexetur.* » (2) Ad codd. scripturam propius aliquanto accedere conatus sum.

« Quodque in nostro corpore, si *minimum sive pruina sive igni secatur,* molestum *fit,* cur hoc idem... »

(1) « *Quaero, Balbe, cur Pronoea v e s t r a cessaverit.* » § 22.
(2) De Nat. Deor. Schulausg. erkl. v. Dr A. Goethe. Lips. 1887.

Atque paulo infra malim : « *quum* pars earum adpulsu solis *exaruerit,...* »

X. 25. Atque haec quidem vestra, Lucili. Qualia vero † est, ab ultimo repetam superiorum. »

Adn. crit. — *Qualia vero alia sint* deter. codd., Bait., *cetera sint* Schoem. Mihi recte videtur Heindorf. indicasse : Non tam leni in his defungare medela.» — Immo leniore : cf. §§ 36 : *ut iam ad vestros, Balbe, veniam* » et 58 : « *ornatius quam solent vestri.* »

« Atque haec quidem *vestri*, Lucili ; qualia vero *caeteri*, ab ultimo repetam superiorum. »

XI. 28. « Tum Xenophanes, qui mente adiuncta omne praeterea,quod esset infinitum, deum voluit esse. »

Aristot. Metaph. I. 5. 986. b. « Ξενοφάνης δὲ ... εἰς τὸν ὅλον οὐρανὸν ἀποβλέψας τὸ ἓν εἶναί φησι τὸν θεόν. » Acad. II, 37, 118. *Xenophanes... unum esse omnia... et id esse deum.* » Cf. infra Divin. I, 3, 5.

« Tum Xenophanes, qui mente adiuncta *unum*, praeterea quod esset infinitum, deum voluit esse, »

XIII. 33. « Cum autem sine corpore idem vult esse deum,omni illum sensu privat,etiam prudentia. Quo porro modo deus moveri carens corpore aut quo modo semper se movens esse quietus et beatus potest ? »

Adn. crit. — *Mundus moveri* codd.; *deus moveri* Schuetz.; *moveri* Heind., Madv., Bait.; *mundum movere* Ern., Schoem. —

Anquiri mihi videtur, a mera mente materia quomodo moveri possit : cui occurrere conicias Virgilianum illud : « *Mens agitat molem.* » *Mundus* ex compendiis duobus oriundus videtur.

« ... *nedum* prudentia. Quo porro modo *molem deus movere* carens corpore... potest?»

XV. 39. « Iam vero Chrysippus... ipsum mundum deum dicit esse...tum fatalem † vim et necessitatem rerum futurarum... »

Adn. crit. — *Umbram* codd., cum cruce Bait. I, *vim* all. Schoem., *normam* Madv., Bait., ed. Tauchn. —
Ex *umbra* non intelligo quo pacto *vis* vocabulum nasci possit; *umbram* istam inde huic loco offusam arbitror, quod grammaticus quidam sedulus, quum infra esset, § 55 « *fatalis necessitas, quam* εἱμαρμένην *dicitis* » in margine εἱμαρμ. quasi interpretamentum ascripsit; id latinis litteris exaratum nec intellectum, primum *eimarm*, *eimram*, denique *umbram* effecit.

« Tum fatalem [εἱμαρμ.] necessitatem rerum futurarum. »

XV. 48. « Eandemque fatalem necessitatem appellat, sempiternam rerum futurarum veritatem ; quorum nihil tale est, ut in eo vis divina inesse videatur. »

In sempiterna veritate certo inest vis divina; sed notio Christianae est doctrinae; hinc etiam § 55 « *aeterna veritate* » sicut Div. I. 55, 125, similiter defungendum videtur : nam *veritas* proprie est *amor, sensus veri.* (Krebs., Antib. *Veritas.*|

« Sempiternam rerum futurarum *universitem*. »

XV. 41. « Quem Diogenes Babylonius consesequens in eo libro qui inscribitur de Minerva, partum Iovis ortumque virginis ad physiologiam traducens, diiungit a fabula. »

Adn. crit. — *Deiungit* codd., Bait., Schoem., — Hoc dici mihi videtur, αὐτὸν οὕτως ἀπὸ τοῦ μυθολογήματος ἀπαλλαγῆναι.

« Ad physiologiam traducens, *defungitur* fabula. »

DE NATURA DEORUM.

LIB. II.

LIV. 134. « Dentibus autem in ore constructis manditur atque extenuatur ab iis et molitur cibus. Eorum adversi acuti morsu dividunt escas, intimi autem conficiunt, qui genuini vocantur. »

Congesta tria haec synonyma, *manditur, extenuatur, molitur*, rem non ornare, sed onerare videntur. Si *dentibus* commendativus casus tribuetur, grammaticae quoque erit rationi melius consultum. *qui genuini vocantur* videtur interpretamentum.

« Dentibus autem in ore constructis *manda-tur*, *itaque* extenuatur illis et molitur cibus, *ut* eorum adversi acuti morsu *dividant* escas, intimi autem *conficiant.* » [Qui genuini vocantur.]

LVII. 143. Munitaeque sunt palpebrae tamquam vallo pilorum, quibus et apertis oculis, si quid incideret, repelleretur, et somno conivventibus, cum oculis ad cernendum non egeremus, † ut qui tamquam involuti quiescerent. »

Adn. crit. — *Oculi? culcita* Tittler. Fleckeis. ann. XCIX p. 498. — *Non egeremus, tegerentur ut qui* Goethe — *Ut qui* unum si emendare volueris, nequicquam te conteres; altius aliquanto res repetenda : subabsurde enim dicitur, clausos oculos ad cernendum necessarios non esse; velis nolis, quamdiu non dispexeris, plus non cernes quam si oculis captus sis : nisi forte eo sopore lumina urgentur, qui a Mercurio conciliari olim creditus est : « *Quid, si illum tractim tangam, ut dormiat* » Amphitr. I, 1. 157. Cf. Hom. Odys. V. 47. Atque qui artem illam Mercurialem his temporibus profitentur, asserunt se efficere ut, si quem sopierint, ille opertis oculis involutum librum legat : hoc modo si res se habet, miror quod eam nondum illi τοῦ ψυχοπομποῦ asseculae huc deduxerunt, ut caecigenus aliquis homo, « *solis qui lumina nunquam adspexerit* » et cui « *non frigidus obstiterit circa praecordia sanguis,* » Iliadem iam recitarit ventriculo impositam. Nec stomacharemur : sic enim dilucide doceremur, « *quanta sit animi vis seiuncta a corporis sensibus.* » De Divin. I, 57. 129. Ad quod etiam facit : *Mens enim ipsa, quae sensuum fons est...* » Acad. II, 10, 30. Nihil desperandum. Sed, ut ad propositum redeat oratio, *vallum illum pilorum* quid tandem, coniventibus oculis, agere censemus? Prorsus nihil, inutilisque fit. Quod cum summus orator tam nude dicere nollet, (nam contendebat « *natura nihil esse callidius* » § 142,) Isocrati μυροθήκιον illud adhibens, cum membrorum concinnitatem retinuit, tum colore quodam poetico sententiam illustravit : videtur enim per similitudinem tecte significasse quietem illam qua miles Romanus in castris fruebatur. Sicut autem uno scripturae mendo plura verba velut contagione infici debebant, sic si scripserimus pro *cernendo arcendum*, reliqua iam in proclivi erunt.

« ... et somno *coniventes illi*, cum *ciliis* ad *arcendum* non *egerent*, *utique* tamquam *obvallati* (1) quiescerent. »

LVII. 144. « Flexuosum iter habet. ne quid intrare possit, si simplex et directum pateret.»

« Ne quid intrare possit, *utpote* si... »

LXIII. 157. Quid de bubus loquar? quorum ipsa terga declarant non esse se ad onus accipiendum figurata ; cervices autem natae ad iugum, tum vires umerorum et latitudines ad aratra [ex] trahenda.

Adn. crit. — *Extrah.* Bait., *trah.* Schoem. — Quamquam sermo Latinus ab eius modi syllabarum iteratione qualis est supra *esse se*, non abhorret (2), nihilominus *aratra tra* asperum videtur.

(1) Apud Hagen deest *n* = *b* ; dat vero *n* = *p* : inde colligi licet in archetypo fuisse : *opvalati.* — Cod. C. (Leid. 118 saec. XII. optimae notae) *utque.*

(2) Cf. Quicherat, Traité de versification latine, 20ᵉ édit. 1868, p. 391.

« Cervices autem *natas se* ad iugum, tum vires u. et l. ad aratra *esse* trahenda. »

DE NAT. DEOR. L. III.

IX. 22. « Istum enim locum totum illa vetus Zenonis brevis, et, ut tibi videbatur, acuta conclusio dilatavit. »

Adn. crit. — *Dilatavit* codd. B H. vulg., *dilata lavit* V et corr. ex. *dilatavit, dilatabit* Schoem. — Brevis et acuta conclusto vim loci et quasi florem exprimere potest, (ἀπάρχεσθαι) : locus in ea brevitate, non liquet quomodo dilatari possit.

« ... acuta conclusio *delibavit.* »

VI. 28. « Itaque illa mihi placebat oratio de convenientia consensuque naturae, quam quasi cognatione continuata conspirare dicebat. »

Adn. crit. — *Cognatione continuatam.* — Cf. II, 7, 19 : *tanta rerum consentiens, conspirans, continuata cognatio,*

« ... quam quasi cognatione *continuari ac* conspirare dicebas. »

XIX. 5o. Leonaticum » « ? *Deo nativo sacrum.* »

XXV. 64. « Omnis igitur talis a philosophia pellatur error, ut, cum de dis immortalibus disputemus, dicamus indigna iis ; »

Adn. crit. — *Dicamus indigna iis* scripsi, *dicaliusu*

ignais immortalibus codd.. *dicamus indigna naturis immort.* Madv., Bait., Schoem. —

« *Dicantur qualia digna naturis sint mortalibus.* »

DE DIVINATIONE. L. I.

III. 5. « Colophonius Xenophanes unus, qui deos esse diceret, divinationem funditus sustulit ; »

Madvigius in grammatica sua latina, edit. 3ᵉ, § 364, A. 2. scripsit « Xenocratem, » qui quidem non est inter « antiquissimos. » Cf. Acad. II, 37, 105.

« Colophonius Xenophanes unus, *unum* qui *deum* esse diceret... »

V. 8. « Perlegi, [ille] inquit, tuum paulo ante tertium de natura deorum. »

Adn. crit. — *Ille inquit* codd. A V B, *inquit* H. —

« Perlegi *librum*, inquit, tuum paulo ante tertium... »

DE FATO.

III. 5. « Quid autem magnum aut naufragum illum sine nomine in rivo esse lapsum? »

Adn. crit. — [*aut*] Christ., Bait., al. *est*, al. *et*; V. Fleck. ann. 1864, p. 612. —

« Quid autem *magis valet* naufragum illum... »

XXXVIII. 59. « Sed imitor Archytam illum Tarentinum, qui... ' A te infelicem ' inquit vilico, ' quem necassem iam verberibus, nisi iratus essem. »

Quisnam fuit unquam infelix, quod non vapularet? nisi forte eas excipis Sarmatarum uxores, de quibus Dozy aureolo illo commentario qui inscribitur : Hoe Rusland machtig werd. (Gids, 1866, I.) Sed cf. Iamblich. De Pythag. vit. XXXI, 197 : εἶπε... πρὸς τοὺς οἰκέτας, ὅτι εὐτυχοῦσιν ὅτι αὐτοῖς ὤργισται, κ. τ. λ.

« A te *nimium* felicem ' inquit vilico. »

DE RE PUBL. L. II.

XL. 67. « Immani et vastae insidens beluae coercet et regit beluam. quocumque vult, levi admonitu † non actu inflectit illam feram. L. Novi... »

« ... coercet *eam* et regit *per viam*, quocumque vult, levi admonitu *contactuve flectens*. L. *Illa vero* novi... »

DE RE PUBL. L. VI.

IV. 4. « Quod quidem sic tangit in libris de re publica Tullius, ut eum lusisse potius quam † quod id verum esse adfirmet dicere voluisse. (S. Augustinus de Civ. Dei XXII, 18).

— Adn. crit. *Quod [id] verum esset, adfirmet*, Halm. Bait. — Item Domb. in sua edit. Civ. Dei, ann. 1863 : sed cod. A. *quam id verum* habet, ut *quod* ex dittogragraphia videatur ortum.

« Ut eum lussisse potius, quam [quod] id verum esse, *adpareat* dicere voluisse. »

DE LEGIBUS. L. I.

I. 1. « Si manet illa quercus, haec est profecto. »

— Adn. crit. *Sin* codd., *si enim* Dav., Halm., Bait. —

« Si *nimirum* manet illa quercus. »

XI. 32. « Vita expetitur, quia nos, in quo nati sumus, continet. »

« Quia nos, in quo *statu* sumus, continet. »

XIII. 35. Ex iis enim quae dixisti, † Attico videtur mihi quidem certe ex natura ortum esse ius. »

« Ex iis enim quae dixisti, *etsi aliter Tito*, videtur mihi quidem... »

XIII. 36. « Quae fuse olim disputabantur ac libere, ea nunc articulatim distincta dicuntur. »

« Ea nunc articulatim *destinata* dicuntur. »

XIII. 37. « Ad stabiliendas urbes sanandosque populos. »

« *Servandosque* populos. »

XVII. 47. «Nam sensus nostros non parens,

non nutrix... non scaena depravat... animis omnes tenduntur insidiae... »

« *An* sensus nostros non parens..? *an non iis* omnes tenduntur insidiae..?

XIX. 50. « Et ut rumorem bonum colligant, erubescunt; pudet etiam loqui de pudicitia. »

« ... erubescunt, *ut pudeat eos iam* loqui de pudicitia. »

XX. 52. « Quin labebar longius, nisi me retinuissem. Q. Quo tandem ? libenter enim, frater, † quod istam orationem tecum prolaber. »

« *Cur* tandem ? libenter enim, frater, *quo destinet oratio tua*, tecum prolaber. »

DE LEG. LIB. II.

XXII. 56. « C. Marii sitas reliquias apud Anienem dissipari iussit Sulla victor, acerbiore odio incitatus, quam *si tam* sapiens fuisset, quam fuit vehemens. »

Adn. crit. — *Quam* ** sapiens, Halm., Bait. —

« ... acerbiore odio incitatus : *qui utinam* tam sapiens fuisset, quam fuit vehemens. »

DE OFFICIIS LIB. I. (1).

IV. 14. « Quodque vere dicimus, etiam si a nullo laudetur, natura esse laudabile. »

(1) Edit. Teubner. a Klotzio recognita 1864.

« Natura *est sua* laudabile. »

IX. 28. « Nam alterum iustitiae genus adse-
quuntur, in inferenda ne cui noceant iniuria,
in alterum incidunt : »

« Nam alterum iustitiae genus *dum* sequuntur, *ut* inferenda ne cui noceant iniuria, in
alteram incidunt : »

XXXVII. 132. « Rhetorum turba referta
omnia, » interpretamentum videtur esse, sicut
lib. III, 9, 39 : « quamquam potest id quidem.»

XXXIX. 139. « Ut in caeteris, habenda ratio
non sua solum, sed etiam aliorum... »

« Non *sui* solum. »

LAELIUS. (1)

I. 4. « Itaque feci non invitus ut prodessem
multis rogatu tuo. Sed ut in Catone maiore
feci, qui est scriptus ad te de senectute, Catonem induxi senem disputantem. »

Itaque feci effecit ut alterum illud *feci* scriberetur;
aliter quoque ac fieri solet, interpungendum duco.

« Sed, ut in Catone maiore *hoce*, qui est
scriptus ad te, de senectute Catonem induxi
senem disputantem. »

VII. 25. « Hactenus mihi videor de amicitia quid sentirem potuisse dicere : si qua prae-

(1) Edid. M. Seyffert. 1844.

terea sunt — credo autem esse multa — ab iis, si videbitur, qui ista disputant, quaeritote.»

« Hactenus mihi videor de amicitia quid sentirem (ex) posuisse diserte. » I. C. C. Mnemos. XVI. 347.

« *Ac satis* mihi videor de amicitia quid sentirem *protulisse. Dicenda* si qua praeterea sunt... »

DE ORATORE. L. II (1).

LV. 225. « Quis est igitur qui non fateatur... his facetiis non minus refutatum esse Brutum, quam illis tragoediis, quas egit idem, cum casu in eadem causa efferretur anus Iunia. Pro di immortales, quae fuit illa, quanta vis, quam inexpectata, quam repentina, cum coniectis oculis, gestu omni et imminenti, summa gravitate et celeritate verborum : Brute, quid sedes ? quid illam anum patri nuntiare vis tuo ?... »

Etsi aliis locis H. Muther., vir doctus, cuius commentarium (2) doleo sero ad me pervenisse, (ac celeriter tantum praestringere potui) dilucide docuisse videtur in Oratoris lib. I et II, plura desiderari verba, et probabiliter, quae desunt, suffecisse, hoc tamen loco non placent quae adscripsit et inculcavit :

(1) Ed. Teubn. recog. à Klotzio.
(2) Programm nʳ 632. p. 21. Coburg. 1885.

« ... Pro di immortales, quae fuit illa oratio, quanta vis doloris, quam inexpectata, quam repentina, cum, coniectis oculis in mortuam, lugentis gestu omni et imminenti fletu, summa... »

Ista quidem vis esse videtur; puto leniore esse utendum emendatione. Sed id primum : mortui corpus umeris, curru, lecto impositum, seu in arca, etiam in capsa conclusum efferri potest; in *causa* vel eadem vel alia posse non intelligo; neque *eadem* perplacet. Scilicet *causa* = *celb*ᵗᵉ (cf. Hagen. : *a* = *el*; *u* = *b*; ex *te* corruptum *a*;) et in superiore *casu* non nihil fuit momenti. Porro antecedens illud *refutatum esse* nonne poscit aliam, quae sibi respondeat, ardentiorem vocem ?

« .., cum casu *media tum celebritate* (1) efferretur *amita* Iunia. Pro d. i. *quem ad modum fregit illum, quanta vi*, quam inexpectata ! *cum, repente in eam* coniectis oculis, gestu *homini* et *ore minaretur in* summa gravitate et celeritate verborum : Brute, quid sedes ?... »

BRUTUS (2).

IV. 16. « Nec enim, ex novis, ut agricolae solent, fructibus est,... » « ex novis... *frugibus*... »

V. 19. « Sed illa cum poteris; atque, ut possis, rogo. »

---

(1) Madv. Lat. Sprachl. § 274.
(2) Edid. Piderit. 1875. (Teubn. Schulausg.)

« Atque *cito* possis, rogo. »

XVII. 65. « Licet ex his eligant ea quae notatione et laude digna sint, omnes oratoriae virtutes in iis reperientur. »

« *Scilicet* ex his *eligantur* quae... »

XCIV. 324. « Quum... ad causas simillimas inter se vel potius easdem novi veniebamus cotidie. Quibus quidem causis tu etiam, Brute, praesto fuisti, compluresque et nobiscum et solus egisti, ut qui non satis diu vixerit Hortensius, tamen hunc cursum confecerit : ... Dicendi autem genus quod fuerit in utroque, orationes utriusque etiam posteris nostris indicabunt. »

« ... veniebamus cotidie — quibus quidem causis tu etiam, Brute, praesto fuisti — compluresque et nobiscum et solus *egit is*, ut qui non satis diu vixerit *foro nec suis*, tamen hunc cursum confecerit... orationes utriusque etiam posteris *nostrae* indicabunt. »

MCVII. 333. « Nihil dico amplius, tantum dico : etsi operosa est *contentio* ac concursatio, tamen magis opportunum *fore*, si mihi accidisset, ut numerarer *unus, quam ut numcrarer in multis.* »

« Nihil *de illo* amplius : tantum dico, etsi operosa est *ea concertatio*, tamen magis opportunum *rei publicae futurum fuisse*, si mihi accidisset ut numerarer unus *aliquis in multis*, quam ut *alter numerarer e duobus.*

III. 9. « ... sic perfectae eloquentiae speciem animo videmus, effigiem auribus quaerimus. »

« Effigiem *in verbis cernimus*. »

IV. 14. « Nam nec latius nec copiosius de magnis variisque rebus sine philosophia potest quisquam dicere... »

« Nam neque *elatius* nec copiosius,.. »

IV. 16. « Quid dicam de natura rerum, cuius cognitio magnam orationis suppeditat copiam, de vita, de officiis, de virtute, de moribus sine multa earum ipsarum rerum disciplina aut dici aut intelligi posse ? »

« Quid dicam de natura rerum, cuius cognitio magnam orationis suppeditat copiam ? *Denique* de officiis, de virtute, de moribus, sine multa earum ipsarum rerum [disciplina, *quid* dici, *quid* intelligi *possit* ?

V. 20. « Vehementes varii, copiosi graves. »

« ... copiosi *suaves*. »

V. 20. « Quod ipsum alii. » « Quod *effecerunt* alii. »

VI. 20. « ... alii in eadem ieiunitate concinniores, [id est, faceti]. »

VI. 21. « Aut addit aliquos ut in corona totos. »

(1) Recogn. Klotz. 1863. Ed. Teubner.

Codd. *Totos* : apud Sorof. et Piderit. *toros*.

In Cluentiana, XXI, 58, 59, festive narratur quem ad modum patronus quidam loco oratorio, quem accurate meditatus erat, defraudatus sit. « *Respicite, iudices, hominum fortunas, respicite... Hic iudices ridere; stomachari atque acerbe ferre patronum.,. se caetera de illo loco : Respicite, iudices, non posse dicere.* »

« Aut addit aliquos, ut *illa cohonestet,locos.*»

VI. 22. « Horum singulorum generum quicumque vim in singulis consecuti sunt, magnum in oratoribus nomen habuerunt. Sed quaerendum... »

« Horum singulorum generum *quidem qui* vim *insigniter* consecuti sunt, ... habuerunt; sed... »

VII. 22. « Videmus enim fuisse quosdam, qui iidem ornate ac graviter, iidem versute ac subtiliter dicerent. »

Hinc videtur A. Gellius deprompsisse, quae sunt lib. VI, 14, 1 : « *Uberi dignitas atque amplitudo est, gracili venustas et subtilitas...* »

« ... iidem *venuste* ac subtiliter dixerunt. »

IX 29. « Dum intelligamus hoc esse Atticum in Lysia non quod tenuis sit atque inornatus...»

« hoc esse Atticum *illum* [Lysiam], non quod...»

IX. 32. « Nec vero, si historiam non scrip-sisset, nomen eius exstaret, quum praesertim fuisset honoratus et nobilis. »

« Quum *praesens tam* fuisset honoratus... »

XI. 36. Quid est, quo praescriptum aut formulam aliquam exprimas... ?

« Quid est *quod*... »

XIII. 40. « In quo quum doceret eos, qui partim... »

« *Illaque* quum doceret eos... »

XIV. 45. Sic interpungendum arbitror : « Sed ad copiam rhetorum, in utramque partem ut ornatius et uberius dici posset, exercuit. »

XIX. 62. « Et Aristoteles Isocratem ipsum lacessivit. »

« Et *Aristotelem Isocrates* ipsum lacessivit.»

XX. 68. Tum etiam nonnullorum voluntate vocibus magis inserviunt. »

« Tum etiam nonnulli *aurium voluptati vocique* magis inserviunt. »

Topic. VI. 30. « Partitionum autem et divisionum genus quale esset ostendimus. »

« Partitionum *ante*... »

PRO CLUENTIO.

Fragmentum illud « *Mitto illam primam libidinis iniuriam* » quod Klotzius ex Quintil. IX, 2, 47. attulit, est in Cluentiana, 66, 188 : quod, quia mihi non est exploratum alibi esse animadversum, silentio praeterire nolui.

III. 6. « Muta est huius temporis accusatio.»
« *Nulla* est... »

XIII. 31. « Casus est enim in capiendo,
locus, eventus [occasio] ; »

His respondent per anaphoram ea quae sequuntur :
« *latibulis occultorum locorum, tempestatum conver-*
sione et moderatione. »

« Casus est enim in capiendo : *e locis, e*
ventis occasio... »

XIV. 33. « Equidem Q. fratris mei hac
laude delector. »

« *Ea quidem* Q. fratris *merita* laude delector. »

XV. 36. « Das enim mihi ... Nisi vero hactenus ista formula testimonii atque orationis
tuae describi ac distingui potest, ut... »

« Das... ; nisi vero *hoc tenes, istam formu-*
lam testimonii ac *laudationis ita... posse,* ut. »

XVII. 40. « Qui hoc evenit ut. » « Qui *hoce*
venit ut... »

XXIX. 73. « Sciunt haec omnes nobiles,
sciunt boni viri, sciunt denique nostri homines, sciunt mediocres negotiatores. »

Excidisse puto duo urbium nomina, aut quia compendio, aut potius punctis indicata erant (Cf. Wattenb.
Lat. pal. p. 88.) Non apparet cur h. l. mediocres tan-

(1) Ad. Du Mesnil. (Teubner. Schulausg. 1883).

tum negotiatores appellentur, praesertim quum negotiatores, qui argentariam plerique facerent, paene tanti
aestimarentur quanti nostra aetate, idemque fere valeat
hoc verbum *negotiatoris* atque nostrum groothandelaar.
(Cf. Krebs, Antib. s. v. Negotiator.)

« Sciunt haec *Thyatireni (?)*, *homines non
viles*, sciunt boni viri *Apollonidenses (?)* ...,
sciunt *mercatores*, negotiatores. »

XXX. 74. « Emptiones falsas, praediorum
proscriptiones cum mulierculis aperta circum-
scriptione fecisti... Polemocratem scripsisti. »

« ... cum *muliercularum* aperta circum-
scriptione... Polemocratem *adscripsisti*. »

XXXI. 76 « Utinam neque ipsum neque me
poeniteret! Flaccum iniuria decrevisse in tua
re dicis : »

« *Attamen* neque ipsum neque me *poenitet*
Flaccum in curia decrevisse *ea tueri iudicia*.»

XXXII. 78. « Num etiam fratris mei litteras
plenissimas humanitatis et aequitatis repre-
hensurus es ? † quas easdem mulieri a me
datas apud Patarenos requisivit. »

Cf. § 72, 73 : « *uxorem abduxit... restituat uxorem,
reddat misero patri filiam.* » Videtur Decianus mulieres, ne invenirentur, rus ad Thyatirenos misisse. Thyatirenos erui ex Plinii loco (Hist. nat. V. § 126) quem
p. 139 Dumesnil laudavit.

« ... *Queis eisdem mulieres amandatas* apud
Thyatirenos requisivit. »

XXXV. 87. « Sed tamen Lurconem, quamquam pro sua dignitate moderatus est in testi-
monio dicendo religioni suae, tamen iratum
Flacco esse vidistis. »

Accusativum illum *Lurconem* demonstrare puto haec
verba : *moderatus est*, non esse vera, aliter enim Tullium scripturum fuisse : *Lurco, quamquam ... moderatus est, eum tamen iratum... vidistis* : sequitur enuntia-
tioni, quae a *quamquam* pendet, suum esse subiectum.

« Sed tamen Lurconem, quamquam *prima
fuit ei dignitas et moderata illius* est in testi-
monio dicendo *religio irae*, tamen iratum
Flacco esse vidistis. »

PRO MILONE.

XX. 54. « Quum paenula irretitus, raeda
impeditus, uxore paene constrictus esset. »

— Richter. *Constrictus*, verstrickt. Warum nicht *ab
uxore?* — At, si esset in Codd. *ab uxore*, grammatici
num reclamarent ? Eo ipso quod uxor comes ade-
rat, accendi potius debebat quam debilitari Milonis
animus; alia re ac sua praesentia uxor, ut fit in discri-
mine, impedimento erat; quid multa ? Satis apparet
paene adverbio difficultatem minui, quam orator conatur adaugere.

« ... *Uxoris pavore districtus* esse. »

II. 6. « Haec sunt propria Cornelii : talis in rem publicam nostram labor, adsiduitas, dimicatio, virtus digna summo imperatore, spes pro periculis praemiorum. Praemia quidem ipsa non sunt in eius facto... »

« ... talis in r. p. nostram labor adsiduitas, dimicatio virtus, (1) *ut* digna summo imperatore *speres* pro periculis *praemia. Quorum praemia quidem ipsa...*

III. 6. « Id accusator non negat, sed reprehendit, ut in Cornelio causa ipsius probetur, poena quaeratur, in Pompeio causa laedatur, poena sit nulla. † Sic famam, sic innocentissimi hominis...

Apud Madv. (Opusc. acad. alt.) datur : Codd. P. *si fame si innocentissimi,* Oxx. *si tamen fame, si sic famae.*

« sed reprehendit ut... poena sit nulla. *Nulla sit famae, sic tamen innocentissimi...* »

XVII. 38. « Qui a principio sui generis ac reipublicae, id est. ab omni studio sensuque Poenorum, mentes suas ad nostrum imperium nomenque flexerunt. »

— Codd. A, B. *a principio sui generis aut studio*

(1) Oratio bimembris. Naegelsb. Lat. Stil. § 173.

rei publ. hi ab. Erf. *a pr. s. generis, studio reip. his ab.* Madv. l. l. —

« Qui a principio sui generis *aversi studio rei publicae huius,* ab omni *gratia* sensuque Poenorum mentes suas... flexerunt.

EPISTOLAE AD DIVERSOS (1).

I. 9, 18. « Atque hanc quidem ille causam sibi ait non attingendae rei p. fuisse, quod, quum offendisset populum Atheniensem prope iam desipientem senectute, quumque eum nec persuadendo nec cogendo regi posse vidisset, quum persuaderi posse diffideret, cogi fas esse non arbitraretur. »

— Quotiescunque ad h. l. redeo, nec potuisse tam perturbatam sententiam a Platone scribi, nec Platonis mentem ita a Cicerone obscurari existimo. Boot., p. 5. — Revera sicut haec coniunctionum iteratio : *quod, quum offendisset; quumque -eum; quum persuadere* ferenda non est, sic perspicuum est et verbum *vidisset* ad coni. *quod* attinere, et *quumque* esse mendosum aut inutile. Quod licet tollas, faciliore quam feliciore curatione ; quod mihi primum occurrerat : *senectute, utracunque ratione eum* », id abieci ; nam, etsi *quacunque ratione* apud Cic. est, tamen unde vocabulum *rationem* eruerem non videbam.

« ... quod, quum offendisset pop. Ath. prope iam desipientem senectute *nequamque* (2), eum

(1) Éd. Nobbe. Lips. 1849 — Boot. Observ. crit. ad Cicer. Epist. Letterk. Verh. der Konink. Ned. Akad. D. XIII.
(2) ? « *Nequaquam* eum. »

nec persuadendo nec cogendo regi posse vidisset : *ut cui* persuaderi posse diffideret, cogi fas
eum non arbitraretur. »

II. 1, 1. « Non enim vereor, ne non scribendo te expleam. »

« Non enim vereor, ne *nimium* scribendo
te *oppleam*. »

II. 7, 3. « Quoniam sane feliciter et ex mea
sententia rem publicam gessimus... »

— Recte L. Schraderus probavit Ursinum *publicam*
delentem, ipseque sustuli *mea*. Boot. p. 6. — *Publicam*
induci non oportuit. Caes. B. C. I. 7, 6 : *cuius impera-*
toris ductu IX annis rem publicam felicissime gesse-
rint, plurimaque praelia secunda fecerint — et ib. II.
18, 4 : « *ad rem p. administrandam,* » = ad bellum
gerendum. Cicero, ut est, non omnia fortunae, sibi quoque aliquid vult adsignari.

« Quoniam sane feliciter et *eximie* (1), mea
sententia, rem publicam gessimus. »

II. 9, 1. « ...quibus verbis tibi gratias agam,
non reperio, quod ita factus sis, ut dederis
nobis..., quae semper ridere possemus. »

« Quod ita *facetus* sis... »

IV. 8, 1. « maximi animi hominem unum-
que fortissimum. »

An is Romanorum omnium, velut Arvernus ille La-
tour in Gallis, unus fortissimus erat?

(1) Ex *mie mea* haplographia *mea* effectum est.

« *Unaque* fortissimum. »

IV. 12, 1. « ... quoniam casus et natura in nobis dominatur, visum est faciendum, quoquo modo res se haberet, vos certiores facere.»

— « *In bonis* libri Med., Boot. — Cf. Sall. Ig. 102. « quoniam humanarum rerum fortuna pleraque regit. »

« Quoniam casus *in nostra ubivis* dominatur, visum *nihil esse tacendum, quoque* modo res se haberet, vos certiores facere. »

IV. 12, 3. « Locum sepulturae intra urbem ut darent, impetrare non potui, quod religione impediri se dicerent ; neque tamen id antea cuiquam concesserant. »

Adverbium *tamen* J. Frey in edit. Teubner. tueri conatur consuetudine Germanici sermonis ; at Sulpicius haec addit, ut interpositam ab Atheniensibus causam non vanam esse defendat, quum honorem illum nulli, ne clarissimo quidem suorum hominum, concesserint.

« ... neque *civium* id antea cuiquam concesserant. »

VI. 5, 2. « ... ut non possit ista aut tibi aut ceteris fortuna esse diuturna, neque haerere in tam bona causa, et in tam bonis civibus tam acerba iniuria. Quare ad eam spem, quam extra ordinem de te ipso habemus, non solum propter dignitatem et virtutem tuam, ... accedunt tua praecipua propter eximium ingenium

summamque virtutem, cui, mehercules, hic
cuius in potestate sumus, multum tribuit. »

— *Virtutem* M : *doctrinam* cum rel. A et Lambino
E : *eruditionem* I. Fr. Gronov. Poterant etiam substi-
tuere *litteraturam* ex Philipp 2. 45. Orel. Bait. 1865. —
Praeclara laus, si vera erat, eum, cuius in potestate
erant, *virtuti* multum tribuere, praesertim quum ea ipsa
virtute, qua delectaretur, se violatum esse putasset. At
deprehendimus h. l. patronum, qui, cum sciret quae-
cunque diceret aut scriberet, ad Caesarem ab iis, qui
simul cum eo viverent, deferri, eam libertatem vel licen-
tîam verborum, qua sine fuco aut fallaciis in Caesarem
Caecina scribens usus erat, lenius est interpretatus,
eandem figuram dicendi adhibens qua Lucretius amantes
facit usos.

«*Aut iure* tam bonis civibus tam acerba *iam
inuri cura*. Ad eam spem... propter eximium
ingenium summamque *veritatem*.,. » (1).

VI. 8. 1. « Huic meae rogationi ** potius
non continuo responderunt. »

— Orel. Defectus signum om. M. E. — *Continuo*
pro interpretamento habendum est.

« Huic meae rogationi *protinus* non [conti-
nuo] responderunt. »

VI. 10. 2. « Casu devincti magnis meis veteribus officiis. »

— Or. *quasi* cod. Regius. —

(1) Ad Attic. XI, 14. 1. *Non me offendit veritas litterarum
tuarum.*

« Quasi devincti magnis meis *et* veteribus officiis. »

VI. 10 b. 5. « Sed in studio minus fortasse quam vellem, et in rebus atque usu plus etiam quam vellem, versatus... Nam et ipse, qui plurimum potest, quotidie mihi delabi ad aequitatem et ad rerum naturam videtur... »

Cf. Boot. p. 12 et Ep. VI. 13, 2 : « *nam . . eum ... quotidie... etiam sua natura mitiorem facit.* »

« ... *at* in rebus atque usu plus etiam quam vellem. versatus... quotidie *magis* delabi ad aequitatem et ad *veram* naturam videtur. »

VII. 1. 1. « Neque dubito, quin tu... per eos dies matutina tempora lectiunculis consumpseris : quum illi interea, qui te istic reliquerant, spectarent communes mimos semisomni. »

Veri simile non est, qui spectandi causa Romam redierant, quum — *ludi essent apparatissimi, quum popularem admirationem haberent ; quum venationes magnificas esse nemo negaret,* — *semisomnos* eos spectasse ; et verbo *communi* pro *vulgari, plebeio, nullius pretii,* proditur *communes mimos* interpretamentum esse. Cf. Krebs, Antib. s. v. *communis.*

« Quum illi interea spectarent [communes mimos] *semissis histriones.* »

VIII. 4. 4. « Mentio facta est de legione ea, quam expensam tulit C. Caesari Pompeius, quo numero esset, quo appeteretur ; quum ex

Gallia, coactus esset dicere Pompeius, se legionem abducturum... »

— *Quoad peteretur, eum Pompeius « esse in Gallia »* *coactus est*, Orel. Bait. *quo adpeteretur* M. E. *cum* *Pompeius esse in Gallia coactus est* M. *cum ex Gallia,* *coactus esset* E. —

« ... quam expensam tulit C. Caesari Pompeius : *quaesitum cum* esset, *quoad paterentur* *exercitum Pompei esse in* Gallia, coactus *est* dicere Pompeius se legionem abducturum...»

VIII. 5. 1. « Nam si hoc moderari possemus, ut, pro viribus copiarum tuarum, belli quoque existeret magnitudo, et, quantum gloriae triumphoque opus esset, assequeremur, periculosamque et gravem illam dimicationem evitaremus; nihil tam esset optandum. Nunc..»

— *Hoc more moderari* M : *hoc moderari* E. *hoc* *modo rem moderari*, Bengalius : *Periculosam*, M. periculosamque E. —

« Nam si *haec modo* moderari possemus, ut pro viribus copiarum tuarum belli quoque exsisteret magnitudo, *ita*, quantum gloriae triumpho *tuo* opus esset, assequeremur, periculosam et gravem illam dimicationem evitaremus : nihil *tum* esset optandum. Nunc... »

IX. 22. 1. « Amo verecundiam, vel potius libertatem loquendi. »

— *Vel :* Manut. *alii.*

« Amo verecundiam ; ¦vobis *potior libertas est* loquendi. »

XII. 10. 4. « Quod si, ut spero, victis hostibus nostris, veneritis : tamen auctoritate vestra res publica exsurget et in aliquo statu tolerabili consistet. Sunt enim permulta, quibus erit medendum : etiamsi. r. p. satis esse videbitur sceleribus hostium liberata. »

C. Cassio, D. Bruto, T. Ciceroni res non erat cum *suis* hostibus, sed cum iis qui « pridie Kal. Quintiles sententiis omnibus hostes a senatu iudicati erant.» ib. 1.

« Quod si, ut spero, victis hostibus *vos huc* veneritis, *tantum* auctoritate vestra res pub. exsurget, *ut* in aliquo statu tolerabili consistat; sunt *autem* permulta quibus erit medendum, etiamsi... »

XV. 19. 4. Si Caesar vicit, celeriter me expecta. »

« Si Caesar *vicerit*,.. »

AD QUINTUM FRATREM.

I. 1. 4. « Mihi crede, unus annus additus labori tuo multorum annorum laetitiam nobis, immo vero etiam posteris nostris afferet. »

— *Nobis immo vero etiam* R et pr. M : — *Vero* profectum puto ab a^{re} == *maiorem* (Walth. 24. 10).

« ... multorum annorum *laudem* nobis, immo *maiorem* etiam posteris nostris afferet.»

I. 2. 7. « Erit, credo, periculum ne improbum negotiatorem, paullo cupidiorem publicanum comprimere possis. »

« ... ne improbum negotiatorem, *ne* paullo cupidiorem... »

Ib. 4, 12, 13. « Nunc vero tertius hic annus habeat integritatem eamdem, quam superiores, cautiorem etiam ac diligentiorem. Sint aures tuae, quae id, quod audiunt, existimentur audire, non in quas ficte et simulate quaestus caussa insusurretur. »

— *Ficta et simulata ... insusurrantur*, Boot.— Recte doctus ille vir, sed dicendum videtur quales praetoris aures debeant esse; ut infra « *sit annulus tuus non ut.* »

« ... quam superiores, cautiorem *tamen.* Ac *diligentiores* sint aures tuae, *quasi* id, quod *audiant, existimes totam Urbem* (1) *audire...*»

Ib. 4. 13. « Toti denique sit provinciae cognitum... Denique haec opinio sit. »

« ... *De teque* haec opinio sit... »

Ib. 5. 16. « Atque etiam e Graecis ipsis diligenter cavendae sunt quaedam familiaritates, praeter hominum perpaucorum, si qui sunt vetere Graecia digni.Sic vero fallaces sunt permulti... »

(1) *Existimentur* sic resolvendum puto : existimen, *n* = *s* (Hagen.); *t* = *totam*, (Wattenb. Lat. Pal. p. 80. *t⁰* = *totum*) ; *ur* = *ūb̄, r* = *b* (Hagen.).

— Boot. p. 38 : Ciceronis usus postulare videtur, ut scribatur *in Graecis ipsis*. Tum vel cum Ernesto *quaedam* scribendum est, vel cum Wesenbergio statuendum ante illam vocem excidisse aliquod adiectivum, velut *intimae...* Sed quod sequitur *sic vero* cet. sine causa Wesenbergio displicuit... — *Digni. Sic* profectum puto a *dignilic, illic* autem idem atque Asiam valere, quae opponitur Graeciae merae et antiquae.

« Atque etiam *a* Graecis ipsis diligenter *cavendum : ac* sunt *quidem* familiaritates *praestabiles* hominum perpaucorum...; *illic* vero... »

Ib. 7. 21. « Lenitas in decernendo, in satisfaciendo ac disputando diligentia, »

Ubi praetor decrevit, *disputandi* iam non est locus.

« ... ac *dispensando* diligentia. »

ib. 7. 22. « Quare quum permagni hominis est, et quum ipsa natura moderati, tum vero etiam doctrina atque optimarum artium studiis eruditi... sic se adhibere in tanta potestate, ut... »

— Boot. In Med. scriptum est : *quare cum per magni hominis est.* Schuetzius *cum* delevit, eumque sequitur Wesenb. Ego in *cum per* latere suspicor *semper*, et scribendum : *quare semper magni hominis est.* —

Quare, *quantopere* magni hominis *interest*, quum ipsa natura moderati, tum vero *ornati* doctrina... »

I. 2. 5. 16. « Et quidem quum spe sum

maxima, tum maiore etiam animo; [spero superiores fore nos; confido animo], ut in hac republica ne casum quidem ullum pertimescam. »

— Boot. p. 31 : *Equidem cum spe summa maxima tum maiore etiam anima sperent superiores fore nos confidunt animo ut in hac republica ne casum quidem ullum pertimescant.* Verba in cod. Med. sic mendose descripta alii aliter emendare conati sunt... Ego ita restitui.

« Equidem quum spe *sum* maxima, tum maiore etiam animo; *ut sperem* superiores fore nos, *confidam tantum*, ut in hac re ne casum quidem ullum pertimescam. » —

« Equidem quum spe sum *iam magna ego*, tum maiore etiam *amici*, *ut asseverent* superiores fore nos; *confidunt enim eo ut in hac re ne* publicum casum quidem ullum pertimescant. »

Ib. 3. 8. « Sive enim restituimur, sive desperamur, nihil amplius opus est. »

« Sive enim restituimur, sive *despoliamur...* »

Ib. 3. 7. « Quorum ego consiliis, promissis, praeceptis destitutus in hanc calamitatem incidi. »

— Boot. p. 31 : *quorum ego consiliis, promissis deceptus, destitutus in hanc c. i.* » — At illis, scilicet Hortensio et Arrio graviora crimini dat : cf. supra : *Me sceleratissime insidiosissimeque tractavit* », de eodemque Hortensio ad Attic. III. 9. 2. « *Obsecro, mi Pomponi, nondum perspicis quorum opera, quorum insidiis, quorum scelere perierimus.* »

« Quorum ego consiliis, promissis, *peccatis*, *de statu tuto* in hanc calamitatem incidi. »

EPISTOLAE AD ATTICUM.

I. 1. 1. « De Aufidio et Palicano non puto te exspectare dum scribam. De his qui nunc petunt, Caesar certus putatur. »

« De Aufidio et Palicano *nulla* puto te exspectare. *Iam* scribam de his qui nunc petunt : Caesar certus putatur; .. »

I. 11. 2. « Scito nihil tam exercitum esse nunc Romae quam candidatos, omnibus iniquitatibus. »

« ... quam candidatos : *omnibus iniqua civitas.* »

I. 13. 1. « Neque tamen id ipsum certum habeo, » « neque *tandem.* »

I. 18. 2. « In re publ. vero, quamquam animus est praesens, tamen voluntas etiam atque etiam ipsa medicina effugit. »

— *Efficit* codd. In re p. vero quamquam animus est praesens, tamen voluntas *civium* atque etiam ipsa medicina *deficit*, Boot. p. 43. — H. I. toto Cicero quasi medicus quidam scribit : (nactus locum resecandae libidinis, et : *spe rei pub. corrigendae et sanandae)*, curatione vero sua se fatetur non proficere.

« In re p..., tamen voluntas civium *iniqua inanem ipsam medicinam* efficit.

II. 1. 9. « Favonius... accusavit Nasicam inhoneste, ac modeste tamen ; dixit ita ut Rhodi videretur molis potius, quam Moloni operam dedisse. »

Molas istas ferendas non puto, nisi vero in pistrinum est missus, quod non spero. An fortasse molaribus, sc. dentibus, operam dedisse dicitur, aut potasse ?

« ... modeste tamen : dixit ita ut Rhodi videretur *mullis (? mulso)* potius... »

IV 6. 2. « Sed ille, ut scripsi, non miser, nos vero ferrei. »

— Codd. *ferri*. Boot. — Quid autem supra scriptum est ? « *Ipsius vicem minime dolemus .. quid foedius nostra vita, praecipue mea.* » Idem significat, sed ironia utitur.

« Sed ille... non miser, nos vero *viri*. »

V. 21. 1. « Hoc me tamen consolor : non spero te istic iucunde hiemare et libenter requiescere. »

— *Consolor uno* Madv. — Vidit V. d. Tullio solatio esse non posse amicum male hiemare ; sed tempore infinitivi detegitur « *spero* » mendosum esse : quod effectum puto ex scriptura capitali, quae dicitur, ut PERQ pro PERO sit habitum ; et proximo *pernecessario* respondet *perquam*.

« Hoc me tamen consolor *nomine, perquam* te istic iucunde hiemare et *libere* requiescere. »

VI. 1. 2. « Quod meam βαθύτητα in Appio

4

tịbi, libertatem etiam in Bruto probo, vehe-
menter gaudeo : ac putaram secus. »

Sententia est : quamquam non putaram tibi non pro-
baturum, tamen gaudeo.

« *Nec* putaram secus.
VIII. 2. 4. Socrates, qui, quum xxx ty-
ranni essent, pedem porta non extulit. »

Sententia non est Socratem ἐξ ἄστεος non exiisse, sed
domi se continuisse. VI, 3, 5. « Qui, dum unus hostis
in Syrịa fuit, pedem porta non plus extulit, quam domo
sua. »

« ... pedem *foras* non extulit. »
VIII. 11. 4, « Nec tam † iptio pertimes-
cenda... quam † universam interitus : tantas
in confligendo utriusque vires video futuras. »

« Nec tam *excisio partis metuenda*... quam
universum nostrum exitium : tantas... *iras*
video futuras. »

IX. 10. 2. « Me una haec res torquet quod
non... Pompeium tamquam unus manipularis secutus sim... quid quaeris? sicut ἐν τοῖς
ἐρωτικοῖς alienant immundae, indecorae, sic me
illius fugae negligentiaeque deformitas avertit
ab amore. »

Unus natus est ex *mi* (Cf. Hagen, p. 72, n° 23 : *uini*
= *mi*), *l* autem pro compendio *us* habitum.
— Orel. Baiter. (1) : ἐρωτικοῖς *alienant ruri immun-*

(1) Ed. 1865, cuius usus, sicut et Wesenbergianae, exiguum ad
tempus a custode. Bibl. schol. concessus fuit.

dae visu illis unde decor sit sic Y. *alienantur immundae insulis unde decore sic* M. *alienantur immundae insulis unde decore fit sic* I. *alienantur immunde infulis unde decore sic.* (Orel. *ruris? luridae*). — Non dubium fere mihi videtur, quin h. l. ea significentur quae Terentianus ille Parmeno (Eunuch. V. 4. 9) :

« ... ego mihi puto palmarium
Me repperisse quomodo adolescentulus
Meretricum ingenia et mores posset noscere....
Quae dum foris sunt, nil videtur mundius,
Nec magis compositum quicquam nec magis elegans...
Harum videre inluviem sordes inopiam,
Quam inhonestae solae sint domi atque avidaecibi...»

Atque longum est unamquamque litteram persequi et enodare : haec videant peritiores, quanti sint; satis est rem indicasse.

« Tamquam *miles* manipularis secutus sim.. sicut ἐν τοῖς ἐρωτικοῖς *alienat istarum videre illuviem sordes, ut dedecori sint,* sic... »

XI. 7. 1. « Factum igitur, ut scribis, istis placere, iisdem lictoribus me uti, quod concessum Sextio sit, cui non puto suos esse concessos. sed ab ipso datos. »

Pomponius quidnam riserit, patet extremis ex verbis.

« *Facetum id est,* ut scribis, istis placere *totidem* lictoribus me uti, *quot* concessum Sextio sit. cui non puto suos esse concessos, sed ab ipso *sibi* datos. »

XI. 13. 5. - Quotiesque habebis, cui des ad me litteras, nolim praetermittas.

Velim Med.

« *Et quotiescunque* habebis..., *nullum* prae-termittas. »

XIV. 6. 1. « Pridie Idus accepi tuas litteras caenans. Primum igitur melius esse : deinde meliora te nuntiare. »

— Ni fallor, in otioso *igitur* verbum latet. Omnia expedita erunt, si scripseris : *Primum mi gratum (tibi) melius esse.* Boot. p. 60. — *Primum* idem mihi videtur valere atque *caput est.*

« Primum *id est*, *tibi* melius esse... *a te nuntiari.* »

XV. 1. b. 2. « Petivitque a me ut eam, nec ambitiose, corrigerem ante quam ederet.

Brutus utrum metuebat, ne Cicero sibi adularetur, an id potius cavendum censebat, ne qua populo displicerent suisque partibus essent nocitura ?

« Petivitque a me ut eam, *si qua in vitio forent*, corrigerem... »

Ib. « Quod iudicium habet de optime genere dicendi, id ita consecutus est in ea oratione ut elegantius esse nihil possit. Sed ego solus alius sum ; sive hoc recte, sive non recte. »

— [Sed] *ego secutus aliud sum*, Wesenb. — Quod iam dictum est supra « *Est autem oratio scripta elegantissime* » : quia id non puto iteratum esse, malim scribere « *eloquentissime.* » Nunc vero agitur de genere « *in quo Brutus esse vult*, » in eoque quaeritur *elegantia* :

de quo verbo v. Naegelsb. Lat. Stil. § 2. 1. Huic generi opponitur Ciceronis Asiatica magis, vel popularis dicendi ratio; et ea quae « *sive recte, sive non recte* » fiunt, quum voluntati assignentur, verbum quoddam subesse suspicor, quo Cicero doceat ita dicere se de industria: ut scribi possit : « *Scilicet ego consulto alius sum...* »; sed ad *elegantius* respicienti haec potiora videntur :

« *Consulto solutior illo* sum... »

Ib. « Quamquam vereor, ne cognomine tuo lapsus, ὑπεραττικὸς sis in iudicando. »

« .. ne cognomine tuo *captus*... »

Ib. « Sed, si recordabere Δημοσθένους fulmina tum intelliges posse et Αττικώτατα gravissime dici. »

Ex iis, quae H. S. Anton (Stud. z. Antib.) disputavit, iam perspectum cognitumque puto particulam *et* pro *etiam* perraro a Cicerone adhiberi, Αττικώτατα igitur esse adverbium.

« *Iam* intelliges posse et Αττικώτατα *et* gravissime dici. »

XV. 8. 1. « Exspectat animus, quidnam agam de kalend. Martiis. Misi igitur Tironem et cum Tirone plures, quibus singulis, ut quidque accidisset, dares litteras. »

« *Exspecto a te nimis*, quidnam *agendum* kal. Martiis... »

XV. 4. a. 2. « Redeamus igitur, quoniam saepe usurpas, ad Tusculanas disputationes. Saufeium per te celemus : ego numquam indicabo. »

—*Saufeium pete celemus*, Med. *Saufeium de te celem vis*, Boot. -— Hoc loco Cicero videtur eum iam librum evolvisse, de quo XIV, 4, 4 : « *Saufeii legisse vellem.* » Is cum Epicureus esset, quae secta in Tusculanis, ut in caeteris de philosophia libris, exagitatur, timens Atticus ne homo tam sibi familiaris male mulcatus abiret, videtur petivisse, eius libri ne mentio fieret. — Ortum *Pete* ex *propter te* suspicor : post illud *te*, *ta* per haplographiam, quae dicitur, excidisse, sed illud *propter te* ex antiquiore et vero *prorsus* natum.

« Saufeium *prorsus taceri vis : ergo nusquam* indicabo. »

ADDITAMENTA.

DE NAT. DEOR. II, 57,144. « ... Amplificatur sonus; quo circa et .. resonatur, et ex tortuosis locis et inclusis *soni* referuntur ampliores. Similiter nares... »

Soni inculcati sunt ab editt. Non est quod singularis numerus repente plurali summoveatur : *ampliores* enim pro *ampliore* ex insequente *similiter* provenerunt.

« ... et ex tortuosis locis *aut* inclusis *vi refunditur ampliore.* »

DE ORAT. II,2,6. «Quare equidem... multos et ingeniis et magna laude dicendi sine summa rerum omnium scientia fuisse fateor. »

— H. Muther. l. l. 10 : « ... multos et ingeniis et arte adjutos magna laude d. f. f. » Muller reposuit *floruisse* pro *fuisse*. — Is recte iudicasse mihi videtur; sed *sciacia fuisse* ad alias ducit litteras.

« ... sine summa rerum omnium scientiâ *claruisse* fateor. »

Ib. II, 55, 125. « Quae fuit illa, quanta vis... »

Altera occurrit emendandi ratio, quae, quum simplicior sit, fortasse potior videbitur : nempe post *illa* fieri potuit ut premeretur *elo*.

« Pro di immortales, *quanta* fuit illa *eloquentiae* vis... »

ORAT. 3, 10. « ... sic perfectae eloquentiae speciem animo videmus, effigiem auribus quaerimus. »

Locus est perdifficilis : Platonicas enim illas ἰδέας fatetur Cicero esse *subobscuras;* nec magnopere mihi, quae scripsi, placent. Utique *effigiem auribus quaeri* non magis posse puto, quam sonum et voces oculis percipi. Ad proxima autem Ciceronis verba si animum attendimus : *ille artifex quum faceret Iovis formam aut Minervae — species...quam intuens... ad illius similitudinem artem et manum dirigebat -- cuius ad cogitatam speciem imitando referuntur ea quae sub oculos ipsa* [non] (1) *cadunt* — facere non possumus quin suspicemur perfectae illius eloquentiae, quae animo percipitur, effigie nihil aliud significari posse atque dicentem oratorem ipsum : ita ut, dubitanter quidem, haec ad existimantium arbitrium deferam :

(1) ? « Ipsa *sua natura* cadunt... »

« ..., effigiem *in rostris cernimus* (1). »

EPIST. AD DIVERS. II, 4, 1. « Epistolarum genera multa esse non ignoras, sed unum illud † certissimum, cuius causa inventa res ipsa est, ut certiores faceremus absentes... »

Certissimum puto metathesin esse, quam dedit proximum *certiores*.

« ... sed unum illud *rectissimum*... »

Ib. « Atqui in hoc genere haec mea causa est, ut *neque ea, quae sentio audeam* neque ea, quae non sentio, velim scribere. »

Neque ea quae sentio audeam add. Madv.

« ... ut *nequeam* quae non sentio, *quae sentio nolim* scribere. »

III. 12, 1. « ... quoque plura virtutis, † industriae in te ornamenta sunt, eo mirandum est magis... »

« ... quoque plura virtutis *ac doctrinae* in te ornamenta sunt... »

IV. 3, 4. « ... mihique ab eo gratia refertur, in quo ille existimat, quod facile appareat, † quum me colat et observet, tibi quoque in eo se facere gratissimum. »

« ... in quo ille existimat, qnod facile *auferet a te*, quum me colat... »

---

(1) Brutus, 82, 283. « *foro, cui nata est eloquentia*... » Succurrerat etiam : «*effigiem orando creamus* »; nihil urgeo, locum tantum notare volui; nam vereor ne vera fiant quae Seneca Ep. 88 scripsit: Apparet nihil horum esse in illo, cui omnia insunt.

AD ATTIC. XI. 7. 1. Ad ea,quae pag. 5o scripta sunt, hoc addendum est in codd. esse : « *quae ad me arbitratus est ea factum igitur* » et « *es tea factum* », quod nunc primum ex Wesenb. edit. cognoscere potui. Scribendum igitur puto, addito uno verbo :

« ... arbitratus es. *Sat facetum id est...* »

MISCELLA.

ARISTOT. *De Arte poet.* 1450. a. 17. (1) ἡ γὰρ τραγῳδία μίμησίς ἐστιν οὐκ ἀνθρώπων, ἀλλὰ πράξεως καὶ βίου κακοδαιμονίας. "

Cf. Metaph. 1015. a. 27. « τὸ γὰρ βίαιον ἀναγκαῖον λέγεται-διὸ λυπηρόν... ὥσπερ καὶ Σοφοκλῆς λέγει « ἀλλ' ἡ βία με ταῦτ' ἀναγκάζει ποιεῖν. »

« ..., ἀλλὰ πράξεως καὶ βιαίου κακοδαιμονίας. »

Ib. 1451. a. 8. « Πρὸς κλεψύδρας ἂν ἠγωνίζοντο, ὥσπερ ποτὲ καὶ ἄλλοτέ φασιν. »

« καὶ ἄλλοτε ποιοῦσιν. »

Ib. 1453. a. 17. « Πρῶτον μὲν γὰρ οἱ ποιηταὶ τοὺς τυχόντας μύθους ἀπηρίθμουν... »

« Τοὺς τυχόντας μύθους ὑπεκρίνοντο. »

Metaph. 1045. b. 14 (2). « Καὶ γὰρ τὸ ὑγιαίνειν ἔσται... σύνθεσις ψυχῆς καὶ ὑγιείας. »

— Ψυχῆς corruptum. fort. σώματος Christ. — Nonne χ ex λ ortum est, unde ψ addendum videbatur?

(1) Recens. G. Christ. 1878.
(2) Recogn. W. Christ. 1886.

« ... Σύνθεσις ὕλης καὶ ὑγιείας. »

DEMOSTHEN. XVIII, 13. « Ἀλλ' ἐφ' οἷς ἀδικοῦντά μ'ἑώρα τὴν πόλιν, οὐσί γε τηλικούτοις ἡλίκα νῦν ἐτραγῴδει καὶ διεξῄει, ταῖς ἐκ τῶν νόμων τιμωρίαις παρ' αὐτὰ τἀδικήματα χρῆσθαι,... »

Verbum deest, ex quo pendere debet infinitivus χρῆσθαι : quamobrem Reiskius ἔδει χρῆσθαι scripsit. καὶ διεξῄει del. Cobetus misc. crit. p. 476. Sub hoc κ. δ. requisitum verbum latere puto.

« ... ἡλίκα νῦν ἐτραγῴδει, νὴ Δί' ἐξῆν ταῖς ἐκ τῶν νόμων τιμωρίαις... χρῆσθαι... »

Stob. Florileg. I. p. 2 (1).

« Ἀρετὴ δ'ὅσῳ περ μᾶλλον ἂν χρῆσθαι θέλῃς,
Τοσῷδε μᾶλλον αὔξεται τελουμένη. »

« Ἀρετῇ... Τοσ.ιδε .. αὔξεται τελουμένῳ. »

Ib. 407. « ὡς οὐκ ἔστιν ὡς ἐπιπολυ ἀνθρώποις ἄλλο συγγενὲς πρὸς θεοὺς παίδευμα... ἀνδρία γὰρ κάλλους ἔλαχεν ἔπαινον ἐπὶ φρονήσει τέχνης. »

Ἀνδρία videtur ad typothetarum errorem referendum.

« ... πρὸς θεοὺς ἢ παίδευμα... Ἀνδρίας γὰρ... »

Athen. XIII. 555. b. (2). « Ἐγένοντο γὰρ καὶ περὶ γαμετῶν καὶ ἑταιρῶν πολλάκις λόγοι, εἰδόσιν ἐκτιθέμενοι τὴν ἱστορίαν. »

« ... ἔνδοσιν ἐκτιθέμενοι τῆς ἱστορίας. »

PORPHYR. VITA PLOTIN. § 4. in. (3). « Τῷ δεκάτῳ δὲ ἔτει τῆς Γαλιήνου βασιλείας » « τῷ ἕκτῳ δὲ ἔτει... »

---

(1) Recogn. A. Meineke. 1885.
(2) Recogn. A. Meineke. 1859.
(3) Plotini opera. recog. Kirchoff. 1856.

Hymn. Aegypt. in papyro scr. (1). « Ἀλληλοῦχε » ?
« Ἡελιοῦχε. »

CAES. BEL. CIV. III. 109, 6. « Ut potius
privato paucorum et latronum quam regio
consilio susceptum bellum videretur. »

« Ut potius privato paucorum *ex latrocinio*
quam regio consilio... »

T. LIV. V. § 2, 1 (2). « Haec culti neglectique numinis tanta monumenta in rebus hu-
manis cernentes... »

« Haec culti neglectique numinis tanta *mo-
menta..*, »

VI, 2. « Tantum Camillus... terroris intule-
rat, ut vallo se ipsi, vallum congestis arboribus
saepirent. »

« ... Ut vallo *diffisi* vallum... saepirent. »

VI. 14, 2. « Non enim iam orationes modo
M. Manlii sed facta, popularia in speciem,
tumultuosa eadem, qua mente fierent, intuenda
erant. »

« ... sed facta, popularia in speciem, *re
malitiosa, ea demum*, qua mente fierent, intuenda erant. »

IX, 18, 4. « Et desideratas humi iacentium
adulationes etiam victis Macedonibus graves,
nedum victoribus... et adversus quem Athe-
nis... »

(1) Mnemos. XVI : numerum pag., quum legerem, apponere
omisi.
(2) Recogn. W. Weissenborn. 1851.

« Etiam victis *nationibus* graves, nedum victoribus Macedonibus. *At* adversus quem.»

XXV. 31. « Sibi omnium laborum... nequaquam tantum fructum esse quod capere Syracusas potuisset. »

— Boot. l. l. « nequaquam *tenuem* fructum. »

« ... Nequaquam *tantulum* fructum esse...»

C. Taciti Agricolae, XII (1). « Olim regibus parebant, nunc per principes factionibus et studiis trahuntur. Nec aliud adversus validissimas gentis pro nobis utilius quam quod in commune non consulunt. »

« ..., nunc *praesunt* principes. Factionibus et studiis trahuntur; nec aliud adversus validissimas gentes *praestatur* nobis utilius... »

A. Gellius, XIX, 14, 8 (2). « Graecos non tantae inscitiae arcesso, qui ου ex ο et υ scripserunt, [quantae nostri fuerunt] qui (e) i ex e et i : illud enim inopia fecerunt, hoc nulla re subacti. »

« ... quantae *ignorantiae rei fiunt*, qui ει ex ε et ι... »

HORATIUS.

In vol. XVI Mnemosynae lectiones insunt Venusinae, unaque venustae, quas conscripsit vir doctus Cornelis-

(1) Schulausg. v. Dr A. Draeger. 1879.
(2) Ex recens. M. Hertz. 1853

sen; pluribus locis et latens vitium is detexit, et ita sanavit, ut nihil amplius desideretur. In his vero probans quae opponuntur, tamen putavi aliter emendari posse, quae libris scriptis tradita sunt.

Carm. I. 5. 9.

« Qui nunc te fruitur credulus aurea,
Qui semper vacuam, semper amabilem
Sperat... »

— Cornelissen. *Qui semper placidam.* — Hagen. :
$v = ci$; $a = c$; $c = u$; $u = r$.

« Qui semper *cicurem*, semper amabilem.»

Carm. I. 13. 13.

Non, si me satis audias,
   Speres perpetuum, dulcia barbare
Laedentem oscula, quae Venus
   Quinta parte sui nectaris imbuit.

— Cornel. *Gutta forte.* —

« ..., Dulcia *perperam* (1)
Libantem oscula, quae Venus
Curta parte sui nectaris imbuit. »

Carm. I. 31. 7.

Non rura, quae Liris quieta
   Mordet aqua taciturnus amnis.

— Cornel. *Mulcet aqua* — Consentaneum est *quietam aquam mulcere,* et eximia videretur emendatio, nisi Horatius h. l. diceret divitias a se non posci, nec

(2) Cf. Terent. Phorm. V, 1, 18.

opimos, feraces agros optari, quales nostri homines *pólders* vocant; tales autem Liris alluebat. (V. Strab. et Plutarch. in Vita Marii).

« *Mollit* aqua taciturnus amnis. »

Epist. II. 3. 45.

« Hoc amet, hoc spernat promissi carminis
[auctor. »

— *Promissi carminis* : das Epitheton scheint auf die von einem Gedichte durch Ankündigung des Inhalts im Eingange erregten Erwartungen zu zielen. Vgl. *promissor* V. 138. G. T. A Krüger (1). » « *Promissi*, j'entends tout simplement par ce mot le poëme qu'on a promis, qu'on se propose de publier. A. Baron (2). »

Horatius utrum h. l. scriptoribus universis dat praecepta, an iis, qui vel in prooemio magna promittunt, vel utuntur praeconio? Quid enim? qui nihil professi erunt, num alia lege, atque *promissores*, tenebuntur? Credat Apella, ego incredulus odi. Utcunque interpretabimur, obscurum nescio quid et ambiguum remanebit, quia supervacaneum, quia inane est *promissum* illud; atque in versu nisi esset, deletum iampridem foret, nec diutius cogerentur interpretes asserere Horatium hoc aut illud dixisse videri : in quo periculum est, erudiendi pueri ne opinatores evadant, aut assuescant satis habere, si quid aliquatenus sibi videantur intellexisse.

Quodsi *promissorum* causa laborat; si audiendi non sunt, quamquam polliciti erunt montes auri; si *promis-*

(1) Horatius. Satiren u. Episteln. Schulausg. 1879. Leipzig.
(2) Œuvres complètes, Brux. 1857. Epître d'Horace aux Pisons, traduite en vers français. T. II, p. 85.

sum nihil dicit (1), nec, cuiusmodi sit, intelligi potest, iam videndum est, quid hoc sesquipede, quem servavit Apollo, sit faciendum. Quaerenti quidnam suffici possit, haud multa se dant in conspectum; ac pauciora fient ea, quae excogitari possunt, si attenderimus, Augusti temporibus *auctore* sine adiunctione *carminis* nondum scriptorem significari; ut vocabulum *carminis* ab auctore seiungere non liceat, nec pendere genitivus ullo pacto possit ex alio nomine. Inde planum fit, *pro nexu* esse pro nihilo habendum. Pluris autem non est *pro nutu*: quis enim credat, Horatium hanc normam dedisse, ut poeta, concessa quidlibet audendi potestate, animi causa hoc amaret, istud sperneret? Ut illud, quod unum verum esse potest, in orbem quam arctissimum adducatur, quin scriptorem adimus ipsum, et quasi testem citamus?

Ac primum, sunt quidam qui seque et sua cuncta sine rivali ament (v. 443) : cum nulla sua spreturi sint, excludatur hoc genus insanum et Helicone et hac nostra disquisitione. Illis vero, qui sciunt mediocribus esse poetis non concedi (372), et tamen omnia nostra, dum nascuntur, placere (2), quaenam praecipiuntur? Imprimis totum ponere curent, ut sint, quod caput est, felices operis summa (34); limae labore et mora ne offendantur (293) : — At locus aliquis, quamquam multa die, multa litura coërcitus est (293), quum paulum summo decedat, vergit ad imum — Tu nihil invita dices faciesve Minerva (385). Itaque bis terque expertus frustra, delere iuberis

---

(1) « Et mon vers, bien ou mal, dit toujours quelque chose. »
                                                  Boileau, Ep. IX. 60.

Hac nota commendantur, «qui sui quisque generis vim insigniter consecuti sunt » et classici dicuntur, quod ab iis inania et nubes non captantur.

(2) Quintil. X. 3, 7.

et male tornatos incudi reddere versus (440). Auctorque
est Homerus : is enim, quae desperat tractata nites-
cere posse, relinquit (150). Ex his nonne patet Horatium,
qui arguit ipse omne ambigue dictum (449), h. l. diserte
scribere debuisse, ea retinenda esse et amanda, quae
recte cecidissent (1); quae secus, vel spernenda vel bre-
viter esse tractanda? et, quum optio detur, retineas
repudiesne, ab eius sententia non futurum absonum,
si *promi* factum erit *prout*, ut reliqua elementa *ssi* iam
veri simile fiat in archetypo scripta fuisse *css*^{t} vel *cs*^{t}.

> « Hoc amet, hoc spernat, *pro ut cessit*, car-
> [minis auctor (2). »

Epist. II, 3, 58.

> « ... Licuit semperque licebit
> Signatum praesente nota producere nomen.
> Ut silvae foliis pronos mutantur in annos,
> Prima cadunt: ita verborum vetus interit aetas,
> Et iuvenum ritu florent modo nata vigentque.
> Debemur morti nos nostraque... »

Quemadmodum haec non paucorum doctorum mentes
exercuere, atque ab iis haud parce detorta sunt (3), sic
alii, (inter quos A. Baron, rhetor peritus (4), cuius me-

---

(1) Ac si quis quaerat quomodo ea, quae probanda sint, agnitu-
rus sit, respondet Horatius : si sapiet et amicum nactus erit, eum-
demque Aristarchi similem ; utra sit rarior avis, difficile est dictu.

(2) Sat. II. 1, 31. « ... Neque, si male cesserat, usquam Decur-
rens alio, neque si bene... »

(3) Nec mirum, quandoquidem Epistola ad Pisones millies ferme
typis est descripta. (Teuffel, Gesch. der röm. Litter.).

(4) A. Baron, l. l. p. 89. « Charmante comparaison, aussi vieille
que le vieil Homère, Z. 146, et que les poëtes se sont plu à rajeunir
d'âge en âge. Les philologues, de leur part, ont écrit un demi-

moriam magistri grato prosequor animo), ea quae sunt
scripta tueri conati sunt : ut adhuc sub iudice lis sit.
Attamen, tot illa totiesque repetita tentamenta nonne
magno sunt argumento, aliquid in his versibus claudi-
care ? Primum mirabile illud, quod dicitur, alia alio
tempore nasci folia, quaeque prius nata sint, *prima
cadere* : unde novimus? quis hoc vidit? quod in hominibus, quod in vocabulis non usu venire compertum
habemus, id quo pacto praedicari de foliis potest, quasi
sit inter ea distinctio quaedam natalium, nec cuncta fere
simul, vere ineunte, gemmascant? In eo tam diserte
descripto natalicio praedicto quis non desiderat poeticum
illud nescio quid et ἠεροειδὲς, quod Baron sibi videre
visus est?

Sed, ut levia sint illa, hoc gravius est, quod ita sen-
tentiae membra sunt disposita, ut nec cum proximis
sententiis cohaereant, neque ipsa sibi satis constent :
v. 58,59, *nova* proferuntur vocabula; v. 50, 61, *vetusta*
folia cadunt; v. 62, *nova* florent vocabula ; v. 63, sqq.
morti, sicut nos, vocabula debentur. Ubi res inter se
praepostere adeo excipiunt, non agnoscitur ordinis illa
et virtus et venus. Dices : Homero duce usus est, qui
sententiam ita disposuit. — Et recte is, qui nil molitur
inepte : apud illum enim, adolescenti interrogato, a
quibusnam esset oriundus, maiorum prius par erat

volume sur ce vers. Chacun des mots qu'il renferme a été altéré,
transformé, déplacé par les commentateurs. Pourquoi donc tour-
menter ces gracieuses images, que le goût comprend si bien dans
le vague aimable de leur expression?... Maintenant, proposez avec
les commentateurs : *Ut folia in sylvis, ut sylvis folia, privos,
mutentur, nudantur, viduantur, pronis in annis, priva cadunt,
prima cadunt ita verborum,* pour *prima verba,* enfin tout ce que
vous voudrez, je ne regarde tout cela que comme jeux d'esprit,
quand esprit il y a, qui consument vainement un temps utile. »

venire in mentem, eiusque obversari animo quanta celeritate, ut fert hominum condicio, alii post alios interiis-
sent: οἵη περ φύλλων γενεή, τοίη δὲ καὶ ἀνδρῶν; deinde ab
eis, qui iam non erant, quum ad se juventute florentem
heroa animum advertisset, haec addere: ἄλλα δέ θ'ὕλη
τηλεθόωσα φύει, ἔαρος δ'ἐπιγίγνεται ὥρη; itaque loquen-
tis animus quem ad modum intus moveretur, summus
aperuit poeta. At Horatio quaenam erat causa cur,
rerum ordine immutato, ut servum pecus imitatorum,
verbum verbo redderet? Neque is erat, qui alienam auc-
toritatem sequi deberet, quod proprie communia nesciret
dicere, aut quem fugeret, folia ante nasci solere quam
caderent. Immutandus igitur est ordo versuum : quo
facto, redditur etiam pernecessaria veris et hiemis oppo-
sitio : τὰ μέν τ'ἄνεμος χαμάδις χέει — ἔαρος δ'ἐπιγίγνεται
ὥρη.

Quodsi durior visa erit collocatio coniunctionis in
extremo versu, cf. Sat. I 4, 57 : « *Eripias si — Tem-*
pora certa modosque; ib. 125 : *flagret rumore malo*
cum — Hic atque ille; II. 2, 23 : *posito pavone, velis*
quin — Hoc potius quam gallina tergere palatum;
II. 8, 71 : *aulaea ruant si...* »

Vigentque etsi est omnibus in codd. (praeter unum
F. M. : *virentque,* Baiter.) tamen suspicionem movet,
quod ineunte hieme, non vigente, folia fluunt; nisi
vero, quod quoque potest, verba *florere* et *vigere* con-
trarie relata sunt.

Ut silvae foliis *primos* mutantur in annos,
Et iuvenum ritu florent modo nata; *viget quum*
Bruma, cadunt : ita verborum vetus interit
Debemur morti nos nostraque... »   [aetas.

INDEX.

Academicorum libri.	1
De Finibus III, 6, 22	12
Tusculanae Disputationes	13
De Natura Deorum .	15
De Divinatione : de Fato .	22
De Re publica	23
De Legibus	24
De Officiis	25
Laelius	26
De Oratore	27
Brutus	28
Orator	30
Pro Flacco	33
Pro Milone	35
Pro Corn. Balbo	36
Epistolae ad Diversos	38
Ad Quintum Fratrem	44
Ad Atticum	48
Additamenta	54
Miscella	57
Horatius	60

CPSIA information can be obtained
at www.ICGtesting.com
Printed in the USA
BVHW04*1211180918
527831BV00013B/951/P